BEI GRIN MACHT SICH IHR WISSEN BEZAHLT

- Wir veröffentlichen Ihre Hausarbeit,
  Bachelor- und Masterarbeit

- Ihr eigenes eBook und Buch -
  weltweit in allen wichtigen Shops

- Verdienen Sie an jedem Verkauf

Jetzt bei www.GRIN.com hochladen
und kostenlos publizieren

Bibliografische Information der Deutschen Nationalbibliothek:

Die Deutsche Bibliothek verzeichnet diese Publikation in der Deutschen National-bibliografie; detaillierte bibliografische Daten sind im Internet über http://dnb.d-nb.de/ abrufbar.

Impressum:

Copyright © 2016 GRIN Verlag, Open Publishing GmbH
Druck und Bindung: Books on Demand GmbH, Norderstedt Germany
ISBN: 9783668301979

Dieses Buch bei GRIN:

http://www.grin.com/de/e-book/340341/direkte-instruktion-geschichte-und-grundlagen-einer-unterrichtsmethode

Saskia Leiendecker

Direkte Instruktion. Geschichte und Grundlagen einer Unterrichtsmethode

GRIN Verlag

GRIN - Your knowledge has value

Der GRIN Verlag publiziert seit 1998 wissenschaftliche Arbeiten von Studenten, Hochschullehrern und anderen Akademikern als eBook und gedrucktes Buch. Die Verlagswebsite www.grin.com ist die ideale Plattform zur Veröffentlichung von Hausarbeiten, Abschlussarbeiten, wissenschaftlichen Aufsätzen, Dissertationen und Fachbüchern.

Besuchen Sie uns im Internet:

http://www.grin.com/

http://www.facebook.com/grincom

http://www.twitter.com/grin_com

Inhaltsverzeichnis

1. Einleitung

Das Thema dieser Ausarbeitung ist die Direkte Instruktion, zu welchem ich am 24.06.2016 eine Präsentation im Seminar „Lernstörungen und Lernförderung" gehalten habe.

In dieser Ausarbeitung soll die Bezeichnung „Direkte Instruktion" zunächst genauer erklärt und grundlegende Informationen genannt werden. Anschließend wird die Entstehungsgeschichte in Bezug auf Jürgen Wiechmann und sein Buch „12 Unterrichtsmethoden" genauer dargelegt.

Daraufhin werden die drei Arbeitsschritte, Präsentation, Gemeinsames Üben und Individuelles Üben, der Direkten Instruktion nach Jürgen Wiechmann bzw. Rosenshine beschrieben und abschließend sollen Studienbezüge die Wirksamkeit der Methode verdeutlichen.

2. „Direkte Instruktion" – Allgemeines

„Die direkte Instruktion wird auch als explizite oder systematische Instruktion bezeichnet. Es handelt sich um ein Lernen, das zwar stark von der Lehrkraft gelenkt wird, sich aber sehr eng an den Lernvoraussetzungen und den Lernfortschritten der Schülerin bzw. des Schülers orientiert." (Lebens & Lauth, 2014, S. 419)

Für die Bezeichnung „Direkte Instruktion" gibt es einige Synonyme und so sind auch folgende Termini geläufig: „Direktes Unterrichten" (Grell, 2000, S. 35), „Direkte Unterweisung" (Kestler, 2002, S. 177) und die ursprünglich aus dem angloamerikanischen stammende Bezeichnung „direct instruction" (Konrad, 2008, S. 168).

Mit der oben genannten Definition beginnen die Autoren Morena Lebens und Gerhard W. Lauth die Kurzbeschreibung der Methode in ihrem Kapitel zur Direkten Instruktion und ordnen in dem Zusammenhang das Lernen der aktiven Verarbeitung von Informationen zu. Dieser Vorgang der Informationsverarbeitung ist dadurch gekennzeichnet, dass Schüler Informationen auswählen, Lerninhalte in Wissenssysteme einordnen und Lernerfahrungen zu Regeln oder Strategien konkretisieren (Lebens & Lauth, 2014).

Nach dieser Auffassung der Informationsverarbeitung sind Lernstörungen die Folge einer gestörten Informationsverarbeitung, was bedeutet, dass die essenziellen Lerninhalte nicht nach ihrer Bedeutung ausgesucht werden, sondern nach sachfremden Kriterien. Eine solche Art der Auswahl der Lerninhalte macht ein zielgerichtetes Lernen für die Schüler nicht möglich, da sie nicht schnell genug erkennen können, ob Lerninhalte wichtig sind oder nicht und ob sie diese abspeichern müssen. So ist die Informationsverarbeitung schon früh gestört, was bedeutet, dass ein positiver Lerngewinn ausbleibt und der Aufbau von grundlegendem Vorwissen nicht möglich ist. Lebens und Lauth (2014) weisen darauf hin, dass ab diesem Zeitpunkt, ab dem das Vorwissen fehlerhaft, lückenhaft oder instabil ist und die Lernstrategien eingeschränkt sind, ein Teufelskreis beginnt, denn dieses Manko hat die Folge, dass alle weiteren Lerninhalte nicht richtig bearbeitet und verstanden werden können, da der Grundbaustein fehlt.

Lebens und Lauth (2014) beziehen sich zudem auf die „Cognitive Load Theory". Diese stellt in Bezug auf die Direkte Instruktion Maßnahmen vor, die ergriffen werden können, um das Informationsverarbeitungssystem zu entlasten. Demnach sollen bei der Direkten Instruktion Grundkenntnisse bis zur sicheren Verfügbarkeit eingeübt werden, um die zuvor entstandenen Lücken zu schließen. Außerdem soll der Lernstoff auf die wichtigen Lernaufgaben ausgerichtet werden, um die Lernziele direkt und ohne Umwege zu erreichen. Als dritter Punkt wird die Unterstützung im zentralen Lernverhalten genannt, damit Erfolge gesichert sind.

Diese Maßnahmen der „Cognitive Load Theory" verdeutlichen, dass die Lehrkraft eine besondere Rolle in der Methode Der direkten Instruktion spielt, denn sie muss die Schüler anleiten, ihnen helfen, bei der Auswahl der Lerninhalte Unterstützung bieten, sie auch auf dem weiteren Weg bis zum Lernziel begleiten und sich dabei stets an den Leistungen, den Fortschritten und den Voraussetzungen der Schüler orientieren.

Zur genaueren Aufklärung, was die direkte Instruktion kennzeichnet, hat Swanson im Jahr 2001 zwölf Schlüsselmerkmale herausgestellt:

1. Zergliederung der Aufgabe in übersichtliche Teilschritte
2. Überprüfung des Lernstandes
3. Wiederholte Feedbackschleifen
4. Veranschaulichung von Inhalten durch Diagramme oder Bilder
5. Selbstständiges Üben und individuell adaptierbare Instruktion
6. Strukturierung der Lerneinheit in einfachere Phasen
7. Vermittlung von Inhalten in Kleingruppen
8. Modellierung der zu erlernenden Inhalte durch die Lehrkräfte
9. Zügige Bearbeitung vorbereiteter Lernmaterialien
10. Unterstützung einzelner Lernenden
11. Erfassung des Wissenstands durch Fragen der Lehrkraft
12. Darbietung der Inhalte durch die Lehrkraft

(Lebens & Lauth, 2014, S. 421)

Wenn nur vier dieser zwölf Schlüsselmerkmale der Direkten Instruktion realisiert sind, so sind nach Swanson die Kriterien der Methode erfüllt und eine Direkte Instruktion wird durchgeführt.

3. Entstehung

Die Direkte Instruktion ist eine noch recht junge Methode, welche in den 1960er Jahren erstmals aufgeführt wurde, als man sich die Frage stellte, welche Bedeutung die Lehrkraft für den Unterrichtserfolg hat. Bis dahin war man der Auffassung, dass die Lehrkraft keinen sonderlichen Einfluss auf den Erfolg der Klasse hat. Dann ging man jedoch dazu über, die einzelnen Klassen untereinander zu vergleichen und fand dabei heraus, dass einzelne Klassen deutlich bessere Leistungen aufwiesen, als andere. Anhand dieser Feststellung ergab sich die Frage, was die Lehrkräfte der besonders guten Klassen von anderen Lehrkräften unterscheidet und so ergaben sich durch diverse Forschungen verschiedene Merkmale, welche alle darauf hinwiesen, dass nichts so starken Einfluss auf die Leistungen der Schüler und das Klassenniveau hat, als die Klassenführung (Wiechmann, 2015).

Die Merkmale, die sich aus den Forschungen ergaben, forderten demnach von den Lehrkräften, dass sie klare und fachbezogene Aufgabenstellungen verwendeten und nach jedem Arbeitsprozess die Ergebnissicherung achteten. Zudem sollten sie dafür sorgen, dass die Schüler von nichts abgelenkt wurden und falls es doch zu Ablenkungen kam, mussten diese gleich unterbunden werden. Ein weiteres Merkmal waren die kurzen und knappen Rückmeldungen auf Lernfortschritte der Schüler und die Bereitschaft bei Problemen kurze

Erklärungen und Hilfestellungen zu geben. Als wichtig stellte sich auch das Arbeitsklima heraus, welches stets positiv sein sollte und die Klasse durch die Lehrkraft motiviert und aktive Unterstützung erfahren sollte. Außerdem musste der Unterricht klar strukturiert, von Regeln begleitet und stets durch die Lehrkraft gelenkt werden (Wiechmann, 2015).

Wiechmann weist jedoch darauf hin, dass sich aus diesen herausgefundenen Merkmalen noch kein Methodenmuster ergeben hat, denn „[d]en entscheidenden Anstoß zur Entwicklung zur Direkten Instruktion als Unterrichtsmethode gab vermutlich Barak Rosenshine" (Wiechmann, 2015, S. 41).

Später stellte sich ein grundlegendes dreischrittiges Methodenmuster als besonders erfolgreich heraus, welches in die Schritte Präsentation, Gemeinsames Üben und Eigenständiges Üben gegliedert ist.

Besonders in den USA hat sich das Methodenmuster der Direkten Instruktion schnell zu einer Unterrichtsmethode etabliert.

4. Indikation der Methode

Die „Direkte Instruktion" ist eine Methode, die nicht nur bei Lernstörungen angewendet werden kann, sondern auch zum Einstieg in neue Unterrichtseinheiten genutzt wird, um Grundkenntnisse zu vermitteln und zu sichern. Besondere Anwendung findet sie jedoch bei Allgemeinen Lernschwächen und Lernstörungen (ICD-10, F8 1.3), bei nicht näher bezeichneten Entwicklungsstörungen schulischen Lernens (ICD-10, F8 1.1), sowie bei bereichsspezifischen Lernstörungen, wie zum Beispiel Dyskalkulie (ICD-10, F8 1.1) oder einer Lese-Rechtschreibschwäche (ICD-10, F8 1.0) und bei Diskrepanzen zwischen der individuellen Lernfähigkeit und der tatsächlichen schulischen Leistung (Lebens & Lauth, 2014).

Nun stellt sich jedoch die Frage, in welcher Form die Direkte Instruktion angewendet werden kann.

Wellenreuther (2014) betont in seinem Artikel zur Direkten Instruktion in der Zeitschrift Pädagogik die Möglichkeit des Arbeitens in Kleingruppen, wodurch die lernschwächeren Schüler individueller und gezielter gefördert und gefordert werden können. Lebens und Lauth (2014) konkretisieren die Form der Umsetzung noch genauer und verweisen auf eine Tauglichkeit der Direkten Instruktion in einer therapeutischen Anwendung, „im

Förderunterricht, in Kleingruppen und im herkömmlichen Unterricht." (Lebens & Lauth, 2014, S. 422)

5. Methodenmuster

Im Folgenden werde ich genauer auf den Ablauf der Methode eingehen. Um den Lesefluss nicht zu stören, werde ich weitgehend auf Quellenangaben verzichten.

Der Text stützt sich auf das Buch „12 Unterrichtsmethoden" von Jürgen Wiechmann, der sich auf die Annahmen von Rosenshine (1983, 1986 & 1994) bezieht.

Die drei Arbeitsschritte

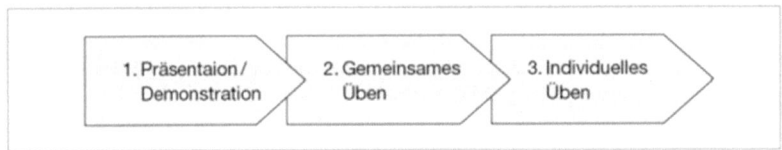

Abb. 1: Die drei zentralen Arbeitsschritte der Direkten Instruktion

(Wiechmann & Wildhirt, 2015, S. 43)

5.1 Präsentation/ Demonstration

Die Direkte Instruktion beginnt demnach mit der Präsentations- bzw. Demonstrationsphase, in welcher neue Lerninhalte präsentiert werden. Der Ablauf dieses ersten Arbeitsschrittes ist dadurch gekennzeichnet, dass am Anfang der Unterrichtsstunde zunächst den Schülern das Lernziel der Stunde vermittelt wird und erst dann die Präsentation des neuen Themas beginnt. Bei der Präsentation ist zu beachten, dass diese in kleinen und klar strukturierten Schritten erfolgt, damit alle Schüler die Möglichkeit haben, das Vorgestellte zu verstehen. Dabei merken sie, dass sie etwas lernen und so treten Lernerfolge ein.

Diese Schritte bauen solange aufeinander auf, „bis das gesamte Thema dargestellt ist." (Wiechmann, 2015, S. 43)

Wichtig ist auch, dass die Schritte immer zielgerichtet und präzise formuliert werden und Umwege, wie Witze oder Kommentare zum Verhalten der Schüler, unterlassen werden, da diese eher irreführend, als produktiv wirken. Zudem spielt das Tempo der Präsentation eine besondere Rolle, denn auch hier gilt, dass das Tempo individuell auf die Schüler angepasst werden muss. Wie schnell die Lehrkraft also die Präsentation durchführen kann, kann sie anhand von Beobachtungen und Rückfragen herausfinden.

Bei der Präsentationsphase gibt es zudem einen weiteren wichtigen Aspekt, der beachtet werden muss: die Aufmerksamkeit der Schüler. Schülern fällt es häufig schwer, lange konzentriert zu bleiben, meist beschränkt sich diese Konzentrationsdauer nur auf wenige Minuten. Die Lehrkraft muss also erkennen, wann die Konzentration der Schüler nachlässt und hat dann die Möglichkeit dem ganzen entgegenzuwirken, indem sie in den Arbeitsschritt der Präsentation die beiden anderen Arbeitsschritte (Gemeinsames Üben und individuelles Üben) miteinbaut.

Merkt die Lehrkraft, dass der Arbeitsschritt der Präsentation erfolgreich war, kann sie mit dem nächsten Arbeitsschritt beginnen: Gemeinsames Üben.

5.2 Gemeinsames Üben

Zu Beginn des zweiten Arbeitsschritts des Gemeinsamen Übens sind die Schüler auf dem Stand, dass sie das neue Thema bereits kennengelernt, es allerdings noch nicht gelernt haben. So heißt es im zweiten Arbeitsschritt: aktives und gemeinsames Lernen.

Das bedeutet, dass die Schüler sich so lange mit dem Lernziel beschäftigen, bis es sicher im Gedächtnis verankert ist. Die Kernregel dieser Phase lautet: „Viele und kurzschrittige Fragen stellen, um die aktive Nutzung des neuen Wissens herauszufordern." (Wiechmann, 2015, S. 44). In der Praxis sieht die Umsetzung demnach so aus, dass die Lehrkraft eine Frage stellt und ein Schüler auf die Frage antwortet. Der Lehrer gibt eine Rückmeldung auf die Antwort und stellt eine weitere Frage, die nun ein anderer Schüler beantworten muss. Diese Methode wird solange in der gesamten Klasse durchgeführt, bis alle die richtigen Antworten können.

Für die Art der Rückmeldung durch die Lehrkraft werden klare Regeln benannt:

Ist die Antwort des Schülers richtig, gibt die Lehrkraft eine kurze und klare Bestätigung, wie „Ja", oder „Genau".

Ist die Antwort nur weitgehend richtig, nennt die Lehrkraft selbst die richtige Antwort, gibt ein positives, aber eingeschränktes Feedback, wie „Ja, aber das war nicht ganz richtig...". Anschließend lässt sie die richtige Antwort von dem Schüler wiederholen und gibt, wenn diese nun richtig ist, eine positive Rückmeldung.

Ist die Antwort jedoch falsch, was durch fehlerhaftes oder fehlendes Wissen zu erklären ist, korrigiert und erklärt die Lehrkraft die Antwort kurz und knapp in Bezug auf die Präsentationsphase und lässt auch hier die richtige Antwort von dem Schüler wiederholen und gibt, wenn die Antwort richtig ist, eine kurze und klare Bestätigung.

Die Forschung gibt den Ratschlag, diese Methode länger durchzuführen, als bis zu dem Punkt, an dem alle Schüler richtig antworten können. „Der Fachbegriff für diesen nachweislich vertiefenden Lerneffekt ist „overlearning"" (Wiechmann, 2015, S. 44).

In der Phase des Gemeinsamen Übens kann es nach Wiechmann in Bezug auf Rosenshine zu zwei Problemen kommen. Das erste Problem betrifft die Fähigkeiten der Lehrkraft, denn diese muss vielfältige und kurzschrittige Fragen formulieren können. Als Hilfestellung dafür wird der Tipp gegeben, die Fragen in der Vorbereitung auf die Stunde auf Karten zu schreiben. Das zweite Problem bezieht sich auf die Teilnahme der Schüler, welche stets aktiv sein sollte. Auch hier wird eine Lösung aufgeführt: Die Abwechslung von Einzel- und Gruppenarbeit. Dabei soll erst die Einzelabfrage erfolgen, damit die Lehrkraft sicher gehen kann, dass das Thema in der Präsentationsphase gut genug geklärt wurde. Wenn die Einzelabfrage erfolgreich funktioniert, kann zur Gruppenarbeit gewechselt werden. Die Gruppenarbeit kann verschieden gestaltet werden. So ist zum Beispiel das Sprechen im Chor möglich, welches den Schülern durchaus Spaß bereiten kann, oder ein Sprechen, das durch Klatschen oder Trampeln begleitet wird. Ebenso können die Schüler in Teilgruppen sprechen, oder ihre Stimme lauter oder leiser klingen lassen.

Funktioniert das Gemeinsame Üben gut, kann es zu einer Überleitung in den dritten Arbeitsschritt kommen, dem Individuellen Üben. Wie alles bei der Direkten Instruktion muss auch die Überleitung vom einen Arbeitsschritt zum anderen Arbeitsschritt strukturiert und geplant werden. Hier ist es hilfreich, nach einer aktiven Gruppenarbeit zunächst noch einmal eine Einzelabfrage durchzuführen, um das Aktivitätsniveau wieder zu senken und um sicher zu gehen, dass das Wissen wirklich fest im Gedächtnis der Schüler verankert ist.

Allerdings kann nicht immer fest davon ausgegangen werden, dass die ersten beiden Arbeitsschritte reibungslos ablaufen. Wenn die Präsentation nicht gelungen ist, dann kann auch das Gemeinsame Üben nicht erfolgreich sein und das bedeutet, dass die Arbeitsschritte erneut durchlaufen werden müssen, um die vorhandenen Probleme zu klären. Hier ist eine besonders gute Urteilsfähigkeit der Lehrkraft gefragt, denn wenn sie nicht erkennt, dass die zweite Phase nicht gesichert ist, wird in Phase drei ein fehlerhaftes Wissen verfestigt, was gravierende Folgen für die Schüler haben kann.

5.3 Individuelles Üben

Im dritten Arbeitsschritt, dem Individuellen Üben, wird der Prozess der Themensicherung weiter fortgesetzt. Das Ziel ist zum einen, dass das Ausmaß der Übungen weiter erhöht wird und zunehmende Erfolge entstehen, zum anderen müssen die Schüler lernen, ihr Wissen auch ohne Rückmeldung richtig anzuwenden, denn nur dann ist auch in Zukunft ein Rückgriff und ein freies Aufrufen des gelernten Themas möglich.

Allerdings kann es auch im dritten Arbeitsschritt zu Problemen kommen. Das erste Problem kann demnach dadurch entstehen, dass die Lehrkraft zuvor großen Einfluss auf die Schüler hatte und ihre Lernfortschritte steuern konnte. In der Phase des Individuellen Übens muss die Lehrkraft diesen Einfluss jedoch entziehen, um ein eigenständiges Arbeiten möglich zu machen. Diese Entziehung der Steuerung, Einflussnahme und Hilfestellung bedeutet zugleich, dass die Lehrkraft kein Feedback mehr auf die Antworten der Schüler geben darf. Daraus entsteht die Gefahr, dass Fehler auftreten, stehen gelassen und verinnerlicht werden.

Um diesen Problemen jedoch entgegen zu wirken gibt es Anregungen, die die Lehrkraft befolgen kann, denn: „Die Forschungsergebnisse der Direkten Instruktion machen hierfür klare Vorschläge." (Wiechmann, 2015, S. 46). Demnach sollen die Lehrkräfte mit der Phase des Individuellen Übens erst dann beginnen, wenn sie wirklich sicher sind, dass das Gemeinsame Üben bei allen Schülern funktioniert. Außerdem ist es wichtig, dass die Aufgaben klar formuliert werden und explizite Anweisungen gegeben werden, um Verunsicherungen der Schüler zu vermeiden. Trotz des Individuellen Übens werden die Lehrkräfte in den Vorschlägen dazu angehalten bei Einzelarbeiten durch die Klasse zu gehen und den Schülern über die Schulter zu schauen. Das hat zum einen den Vorteil, dass die Lehrkraft so Fehler erkennen kann, zum anderen haben die Schüler aber auch die Sicherheit, dass ihr Arbeitsfortschritt registriert wird.

Wichtig ist bei dieser Phase auch, dass die Lehrkraft immer die Möglichkeit bietet Nachfragen zu beantworten. Dabei ist zu beachten, dass die Antworten auf die Nachfragen kurz und knapp ausfallen, denn wenn einzelnen Fragen nur mit einer längeren Antwort entgegnet werden kann, ist das ein Zeichen dafür, dass noch größere Probleme vorhanden sind.

Insgesamt sollten die Phasen der Einzelarbeit immer kurz gehalten werden und immer wieder in Verbindung mit Gruppenphasen stehen, denn den Forschungsergebnissen ist zu entnehmen, dass „[e]rfolgreiche Lehrkräfte [...] im Modell der Direkten Instruktion deutlich mehr Zeit in gemeinsame Arbeitsphasen [nutzen] als in der Einzelarbeit." (Wiechmann, 2015, S. 46).

5.4 Hinweise zum Anfang und zum Ende der Stunde

Zuletzt weist Wiechmann darauf hin, dass auf das zu Beginn der Präsentationsphase vorgestellte Lernziel am Ende der Stunde erneut eingegangen werden muss, indem die Lehrkraft Bilanz zieht. Für die Schüler ist es zufriedenstellend zu erfahren, dass sie das Lernziel der heutigen Stunde erreicht haben und sich die Mühen gelohnt haben. Zudem sind sie motivierter auf die kommende Stunde eingestellt.

Zum Thema Hausaufgaben hat Wiechmann eine klare Meinung, welche der von Rosenshine widerspricht. Wiechmann vertritt die Auffassung, dass Hausaufgaben in einer Stunde nicht aufgegeben werden sollten, auf die eine Stunde nach der Methode der Direkten Instruktion folgt. Seine Erklärung dafür lautet, dass Hausaufgaben zu Beginn der kommenden Stunde besprochen und korrigiert werden müssen, was für eine Verzögerung des straffen Starts in die Präsentationsphase sorgen würde. Stattdessen schlägt Wiechmann vor, dass das Thema der vorherigen Stunde zu Beginn der neuen Stunde durch motivierende Auftaktfragen in Erinnerung gerufen werden soll. Demnach erweitert sich die zuvor aufgeführte Darstellung unter 4. um zwei Schritte:

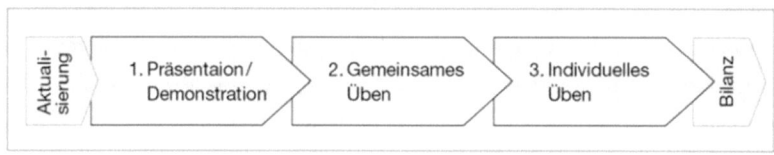

Abb. 2: Die Einbettung der drei Arbeitsschritte in den Unterrichtsverlauf

(Wiechmann, 2015, S. 47)

6. Studienbelege

Mit der Direkten Instruktion haben sich einige Studien beschäftigt, wie zum Beispiel die „Follow-Through" Studie, Swanson (2001) und Hattie (2009).

Die „Follow-Through" Studie wurde im Rahmen einer Bildungsinitiative zur Armutsbekämpfung durchgeführt. An der Studie nahmen 100.000 Kinder und Jugendliche teil, die auf 180 Schulbezirken verteilt waren (Lebens & Lauth, 2014, nach Becker & Engelmann, 1973; Stebbins, St. Pierre, Proper, Anderson & Cerva, 1977). Die Studie wurde in verschiedenen Schulfächern durchgeführt, „anhand von standardisierten Schulleistungstests und psychometrischer Skalen zur Erfassung kognitiver und affektiver Merkmale." (Lebens & Lauth, 2014, S. 426). Dabei wurde herausgefunden, dass die Direkte Instruktion im

Gegensatz zu minimalinvasiven Verfahren eine stetige Leistungssteigerung bei Schülern mit Lernstörungen hervorruft. Zu beachten ist auch, dass diese Lernerfolge sogar noch im Studium nachgewiesen werden konnten (Meyer, 1984).

Auch Swanson (2001) beschäftigte sich mit der Direkten Instruktion und ging der Frage nach, wie Kindern mit Lernstörungen geholfen werden kann. Er führte eine Metaanalyse durch und stellte fest, dass die Kombination aus Direkter Instruktion und Strategieinstruktion für besonders gute Erfolge sorgte (d=0,84). Jedoch bewirkte die Direkte Instruktion allein nach seiner Metaanalyse nur mittelmäßige Erfolge (d=0,68).

In einer weiteren großen Studie hat sich auch der bekannte Pädagoge Hattie (2009) mit der Direkten Instruktion befasst. Hattie fasste mehr als 800 Metaanalysen zusammen und wertete diese aus. Daraus entwickelte er eine Megaanalyse, welche 50.000 Einzeluntersuchungen und 250 Millionen beteiligte Schüler umfasst. Für diese Arbeit benötigte er 15 Jahre und stellte am Ende für die Direkte Instruktion eine Effektstärke von 0,82 heraus. Diese gilt nach Hattie sowohl für Schüler mit als auch ohne Lernstörungen und stellte sich als eine der effektivsten Techniken der Wissensvermittlung heraus (zeit.de, 2013).

Trotz der Vielzahl an Studien, die die Wirksamkeit der Direkten Instruktion belegen ist nach Lebens und Lauth (2014) zu beachten, dass die Methode keine Patentlösung ist. „Der Lernerfolg stellt sich nicht automatisch ein, sondern steht im Zusammenhang mit den Merkmalen der Lernenden, dem Lernziel und den Lerninhalten." (Lebens & Lauth, 2014, S. 427).

7. Resümee

Abschließend kann gesagt werden, dass die Direkte Instruktion eine Methode ist, die sowohl für den Förderunterricht, als auch für den Regelunterricht Anwendung finden kann. Sie orientiert sich sehr stark an den Lernvoraussetzungen und den Lernfortschritten der Schüler und wird dabei durch die Lehrkraft geleitet. Wichtig ist, dass der Unterricht genau strukturiert ist, in kleinen Schritten abgehalten wird, um sicher zu gehen, dass alle Schüler die Themen verstehen und eine ständige Reflexion der Leistungen der Schüler vollzogen wird. Zur Methode der Direkten Instruktion gibt es verschiedene Modelle, ein Modell, welches als besonders erfolgreich gilt, ist in drei Arbeitsschritte unterteilt (Präsentation, Gemeinsames Üben und Individuelles Üben). Die Lehrkraft sollte sich an diese Phasen halten und sie genau verfolgen, denn nur, wenn alle Phasen erfolgreich durchlaufen sind, ist eine gesicherte Wissensspeicherung möglich. Wie zahlreiche Studien belegen, ist die Direkte Instruktion sehr erfolgreich und das auch auf lange Sicht gesehen.

Literaturverzeichnis

Literaturquellen:

Grell, J. (2000). Direktes Unterrichten. Ein umstrittenes Unterrichtsmodell. In J. Wiechmann (Hrsg.), Zwölf Unterrichtsmethoden (S. 35-49). Weinheim: Beltz.

Kestler, F. (2002). Einführung in die Didaktik des Geographieunterrichts. Bad Heilbrunn: Verlag Julius Klinkhardt.

Konrad, K. (2008). Erfolgreich selbstgesteuert lernen: Theoretische Grundlagen, Forschungsergebnisse, Impulse für die Praxis. Bad Heilbrunn: Verlag Julius Klinkhardt.

Lebens, M. & Lauth, G.W. (2014). Direkte Instruktion. In G.W. Lauth, M. Grünke & J.C. Brunstein (Hrsg.), Interventionen bei Lernstörungen: Förderung, Training und Therapie in der Praxis (2. Aufl., S. 418-428). Göttingen: Hogrefe.

Wellenreuther, M. (2014). Lehren und Lernen - aber wie?: Empirisch-experimentelle Forschungen zum Lehren und Lernen im Unterricht (Grundlagen der Schulpädagogik). Baltmannsweiler: Schneider Verlag GmbH.

Wiechmann, J. & Wildhirt, S. (2015). Zwölf Unterrichtsmethoden: Vielfalt für die Praxis (6. Aufl.). Weinheim: Beltz Verlag.

Internetquellen:

Spiewak, M. (2013). Hattie Studie. Ich bin superwichtig!. (entnommen Juli 2016) URL: http://www.zeit.de/2013/02/Paedagogik-John-Hattie-Visible-Learning